KB069082

대학생활을 위한

중국어
회화

初级

校园汉语

대학생활을 위한

중국어
회화

|崔明淑 著|

初级

iB·인터북스

머리말

『대학생활을 위한 중국어회화』는 정규교육기관에서 1년 정도 중국어를 배운 학습자를 대상으로 중국어 회화능력 배양을 목적으로 편찬된 교재입니다.

『대학생활을 위한 중국어회화』는 주인공들이 학습하고 생활하는 데 있어 엮어가는 다양한 상황 회화를 통해 보편적으로 사용하는 대중화된 회화에 초점을 두었습니다. 일부 문형에 대해서는 예문과 확장학습을 통해 학습자들이 중국어의 일반적인 규칙을 파악하고, 자주 쓰이는 단어와 문형을 본문과 연습문제에서 반복 연습할 수 있도록 기획하였습니다.

저자는 중국어회화 수업을 해오면서, 어떻게 하면 각기 다른 수준의 학습자들에게 실용적인 교재를 적용할까 하는 고민을 오랫동안 해왔습니다. 그동안 가르쳐온 경험을 살려 학습자들이 스스로 참여할 수 있는 말하기 연습 등 측면에 중점을 두고 삽화를 보면서 다양한 말하기 연습 문제를 통해 학습 내용 체크, 응용 및 활용 연습은 물론, 중국어 말하기 시험도 자연스럽게 대비할 수 있도록 집필하였습니다.

외국어를 자유자재로 구사한다는 것은 쉽지 않습니다. 그러나 각오와 의지를 가지고 꾸준히 듣고 말하는 훈련을 반복한다면, 분명히 중국어를 정복할 수 있으리라고 확신합니다.

이 교재는 앞으로도 학습자의 필요와 시대변화에 맞게 적절히 수정되어 나갈 것입니다. 더 많은 학습자들이 이 교재를 통해 자신의 생각을 중국어로 효과적으로 표현할 수 있기를 바랍니다.

이 책의 구성 및 학습 목표

각 과의 핵심 표현 및 핵심 어법이 예문과 함께 설명되어 있어 이해가 빠르며, 간단한 확인 문제를 통해 각 과의 포인트를 확실히 익히고 넘어갈 수 있습니다. 문장 확장 연습을 통해 리듬감 있고 재미있게 마스터할 수 있습니다.

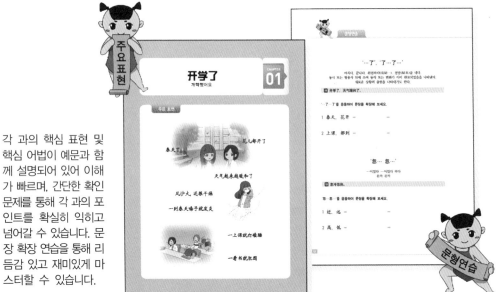

실제 생활에서 일어날 수 있는 다양한 상황별 대화문을 수록했습니다. 한 과당 2개의 상황별 회화와 핵심어휘로 구성되었습니다.

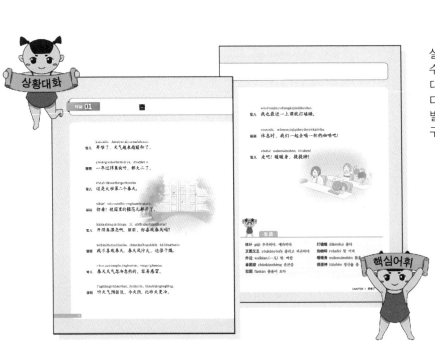

주어진 그림을 보고 제
시된 단어 및 문형을 응
용하여 자연스럽게 대
화할 수 있도록 말하기
능력을 키웁니다.

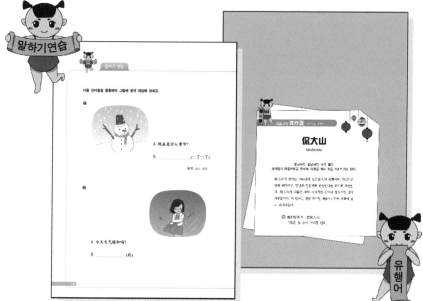

각 과의 학습한 주요 어
법을 익히고 심화하는
연습을 합니다. 단어를
재배열해 보거나 주인
공들의 상황을 각기 종
합하면서 배운 주요 어
법을 다시 한 번 익혀
중국어실력을 높입니다.

목 차

崔老师

同学们好!

同学们辛苦了!

请打开书

请跟我读

老师好!

老师辛苦了!

老师我有问题

请您慢点儿说

9

PART **1**

学校生活

학교생활

侃大山

kǎndàshān

한담하다. 잡담하다. 수다 떨다.
쓸데없이 떠들어댐을 말하며, 허풍을 떠는 것을 가리키기도 한다.

侃大山의 언어는 1980년대 신北京人의 유행어로, '侃'은 달
변의 의미이고, 달변의 말솜씨로 선동한다는 의미로 추론한
다. 侃大山의 내용은 주로 시사적인 것이나 정치적인 것이
대부분이다. 이 단어는 청년 지식인 계층으로부터 사회에 널
리 퍼져나갔다.

例 他们经常在一起侃大山。
그들은 늘 같이 수다를 떤다.

开学了

개학했어요

CHAPTER 01

春天了

花儿都开了

天气越来越暖和了

风沙大，还很干燥

一到春天嗓子就发炎

一上课就打磕睡

一看书就犯困

春

雪儿
kāixuéle, tiānqìyuèláiyuènuǎnhuole.
开学了，天气越来越暖和了。

丽丽
yìniánguòdezhēnkuàiya, dōudàèrle
一年过得真快呀，都大二了。

雪儿
zhèshìdàxuédìèrgechūntiān
这是大学第二个春天。

丽丽
nǐkàn! xiàoyuánlǐdeyīnghuārdōukāile.
你看！校园里的樱花儿都开了。

雪儿
kāidezhēnpiàoliànga. lìli, nǐxǐhuānchūntiānma?
开得真漂亮啊。丽丽，你喜欢春天吗？

丽丽
wǒbùxǐhuānchūntiān, chūntiānfēngshādà, háihěngānzào.
我不喜欢春天。春天风沙大，还很干燥。

雪儿
chūntiāntiānqìhūlěnghūrède, róngyìgǎnmào.
春天天气忽冷忽热的，容易感冒。

丽丽
tīngtiānqìyùbàoshuō, jīntiānyīn, bǐzuótiāngènglěng.
听天气预报说，今天阴，比昨天更冷。

chūntiāngāngdào, bùnéngchuāndetàishǎo, xiǎoxīnzháoliáng

雪儿　春天刚到，不能穿得太少，小心着凉。

shìa!　wǒyídàochūntiānsǎngzijiùfāyán.

丽丽　是啊! 我一到春天嗓子就发炎。

qùyīyuànlema?

雪儿　去医院了吗?

lǎomáobìngle

丽丽　老毛病了。

生词

越来越… yuèláiyuè 점점…	校园 xiàoyuán 캠퍼스
樱花 yīnghuā 벚꽃, 사쿠라	风沙 fēngshā 모래흙을 동반한 바람
干燥 gānzào 건조하다	容易 róngyì 쉽다
感冒 gǎnmào 감기(걸리다)	听…说 tīngshuō 듣자하니
阴天 yīntiān 흐린 날	比 bǐ …보다. …에 비할 수 있다
着凉 zháoliáng 감기에 걸리다	嗓子 sǎngzi 목구멍
发炎 fāyán 염증이 생기다	老毛病 lǎomáobìng 오랜 지병, 고질병
忽冷忽热 hūlěnghūrè 갑자기 추웠다 더웠다 하다	

困

雪儿　你今天有课吗？
nǐjīntiānyǒukèma?

丽丽　我上午3，4节有口语课。
wǒshàngwǔsān, sìjiéyǒukǒuyǔkè.

雪儿　哎！我是下午的课，估计又要睡觉了。
āi! wǒshìxiàwǔdekè, gūjìyòuyàoshuìjiàole.

丽丽　我也一样，又困又乏。
wǒyěyíyàng, yòukùnyòufá

雪儿　外边暖和，教室里冷，你要多喝热水。
wàibiannuǎnhuo, jiàoshìlilěng, nǐyàoduōhērèshuǐ

丽丽　我最近早上特别不想起床。
wǒzuìjìnzǎoshàngtèbiébùxiǎngqǐchuáng,

雪儿　那是"春困症"啊！
nàshì"chūnkùnzhèng"a!

丽丽　上课一看书就犯困。
shàngkèyíkànshūjiùfànkùn.

雪儿　wóyězuìjìnyíshàngkèjiùdǎkēshuì.
我也最近一上课就打磕睡。

丽丽　xiūxishí,　wǒmenyìqǐqùhēyìbēirèkāfēiba
休息时，我们一起去喝一杯热咖啡吧!

雪儿　zǒuba! nuǎnnuǎnshēn, títishén!
走吧! 暖暖身，提提神!

生词

估计 gūjì 추측하다. 예측하다

又困又乏 yòukùnyòufá 졸리고 피곤하다

外边 wàibian(…儿) 밖, 바깥

春困症 chūnkùnzhèng 춘곤증

犯困 fànkùn 졸음이 오다

打磕睡 dǎkēshuì 졸다

热咖啡 rèkāfēi 핫 커피

暖暖身 nuǎnnuanshēn 몸을 좀 녹이다

提提神 títishén 정신을 좀 가다듬다

'…了', '了…了…'

마치다. 끝나다. 완결하다(完結一). 결말(結末)을 내다.
동사 또는 형용사 뒤에 쓰여 동작 또는 변화가 이미 완료되었음을 나타낸다.
새로운 상황의 출현을 나타내기도 한다.

例 开学了, 天气暖和了。

'…了…了'를 응용하여 문장을 만들어 보세요.

1 春天, 花开 ➡   ➡

2 上课, 都到 ➡   ➡

'忽… 忽…'

…이었다 …이었다 하다
문득 문득

例 忽冷忽热。

'忽…忽…'를 응용하여 문장을 만들어 보세요.

1 近, 远 ➡   ➡

2 高, 低 ➡   ➡

'比… 更…'

'훨씬 더 …하다'

例 今天比昨天更冷。

'比… 更…'를 응용하여 문장을 만들어 보세요.

1 学习，好 ➡   ➡

2 明天，冷 ➡   ➡

'一… 就…'

'…하자마자 …하다.'
전후의 두 가지 일·상황이 곧바로 이어짐을 나타냄.

例 一看书就犯困。

'一… 就…'를 응용하여 문장을 만들어 보세요.

1 起床吃饭 ➡   ➡

2 下课回家 ➡   ➡

다음 단어들을 응용하여 그림에 맞게 대답해 보세요.

❶

A 现在是什么季节?

B _____ (…了…了)

季节 jìjié 계절

❷

A 今天天气暖和吗?

B _____ (比)

❸

A 今天是晴天吗?

B _____ (会⋯)

晴天 qíngtiān 맑은 날
会 hùi ⋯를 할 수 있다

❹

A 你喜欢春天吗?

B _____

A 为什么?

B _____ ('一⋯就⋯')

다음 단어들을 내용에 맞게 순서대로 배열해보세요.

1 来了   小草   开了   春天   都   花儿   绿了

➡ _____,_____,_____

봄이 왔어요. 새싹이 파릇파릇해요. 꽃이 다 피었어요.

2 春天   了   一定要   干燥   喝水   太   多

➡ _____

봄은 너무 건조하여 물을 많이 마셔야 해요.

3 忽冷忽热   穿衣服   天气   多   的   要

➡ _____

날씨가 갑자기 추웠다 더웠다 하니 옷을 많이 입으세요.

4 暖和   看书   越来越   就   所以   犯困   天气   一

➡ _____

날씨가 점점 따뜻해져 책만 보면 졸려요.

雪儿에 대한 표현을 읽고 丽丽의 상황을 정리해보세요.

 雪儿

春天来了，花儿都开了。雪儿开始上课了。春天忽冷忽热，风沙大又干燥，不能穿得太少，免得着凉。天气越来越暖和了，近来雪儿一上课就打瞌睡。

 丽丽

一年之际在于春
yìniánzhījìzàiyúchūn

일 년의 계획은 봄에 있다. 한 해 농사는 봄에 달렸다.

二百五

èrbǎiwǔ

(놀리는 말로) 멍텅구리. 천치. 바보

어원에 관련해 여러 가지 가설이 있는데 그 중 하나는 과거 중국에서 은전 500개를 하나의 단위로 삼았던 것에 기인한다는 설이다. 이에 따르면 당시 은전 500개는 '일량'(一封), 250개는 '반량'(半封)으로 불렀는데, 이 때 '반량'의 발음이 '반쯤 실성한 자'라는 의미의 '반풍'(半疯)과 동일해 '250'이 바보라는 의미를 지니게 됐다.

> **예** 你真是个二百五。
> 넌 정말 멍텅구리야.

慢慢儿来

천천히 합시다

汉语学得真好!

我还差得远呢

发音还是不太标准

不要着急，慢慢儿来。

怎么样才能学得快呢?

多听，多说

大声练习

反复听，反复练

不长不短，正合适

学

lìlì, zhèxuéqīníyǒujǐménkè?

雪儿　丽丽，这学期你有几门课？

wǒyígòngxuǎnleliùménkè.

丽丽　我一共选了六门课。

nǐdōushàngnǎxiēzhuānyèkè?

雪儿　你都上哪些专业课？

yǒuzhōngjíhànyǔ, yǔfǎ, kǒuyǔhéxiězuòkè.

丽丽　有中级汉语、语法、口语和写作课。

nǐhànyǔxuédezhēnhǎo!

雪儿　你汉语学得真好！

nǎra! wǒháichàdeyuǎnne.

丽丽　哪儿啊！我还差得远呢。

wǒxuéleyìniánduōle, fāyīnháishìbútàibiāozhǔn.

雪儿　我学了一年多了，发音还是不太标准。

búyàozháojí, mànmànrlái.

丽丽　不要着急，慢慢儿来。

nǐgàosùwǒ, zěnmeyàngcáinéngxuédekuàine?

雪儿　你告诉我，怎么样才能学得快呢？

dāngránshìduōtīng, duōshuōa!

丽丽　当然是多听，多说啊!

cuīlǎoshījīngchángshuōwǒshēngyīnxiǎo, ràngwǒdàshēngliànxí.

雪儿　崔老师经常说我声音小，让我大声练习。

duì,dàshēngdeliànxí, huìgèngkuàitígāokǒuyǔshuípíng

丽丽　对，大声练习，会更快提高口语水平。

nǐnéngbāngwǒyìwǐliànxíma?

雪儿　你能帮我一起练习吗?

dāngránméiwèntí.

丽丽　当然没问题。

生词

学期 xuéqī 학기	**…门** …mén 과목
语法 yǔfǎ 어법	**口语** kǒuyǔ 회화
写作 xiězuò 글쓰기	**差得远** chàdeyuǎn 아직 멀었다
标准 biāozhǔn 표준, 기준, 잣대	**着急** zháojí 조급해하다, 안타까워하다
才…呢 cái…ne 정말, 절대, 결코	**大声** dàshēng 큰 소리
让 ràng …하게 하다, …하도록 시키다	**提高** tígāo 향상시키다
当然 dāngrán 당연히, 물론	

说

丽丽
xuěér, nǐdehànyǔfāyīnyuèláiyuèbiāozhǔnle.
雪儿，你的汉语发音越来越标准了。

雪儿
wǒkāishǐdàshēngliànxífāyīnle.
我开始大声练习发音了。

丽丽
měitiānfǎnfùtīng, fǎnfùliànshìzuìkuàidebànfǎle.
每天反复听，反复练是最快的办法了。

雪儿
xièxiènǐjīngchángbāngwǒliànxí.
谢谢你经常帮我练习。

丽丽
wǒměizhōuyī, sāngēnzhōngguóyǔbànhùxiāngxuéxí, níxiǎngláima?
我每周一，三跟中国语伴互相学习，你想来吗？

雪儿
dāngránxiǎnga, nǐménpíngshídōuzàinǎrxuéxía?
当然想啊，你们平时都在哪儿学习啊？

丽丽
wǒmenxǐhuānzàitúshūguǎnjiànmiàn.
我们喜欢在图书馆见面。

雪儿
nàlǐyòuānjìng, yòunéngzhuānxīnxuéxí.
那里又安静，又能专心学习。

丽丽
jīngchánghézhōngguórénliáotiān, kéyǐgèngkuàitígāokóuyǔshuǐpíng.
经常和中国人聊天，可以更快提高口语水平。

雪儿　tàihǎole,　yígèrénzuòhànyǔzuòyèyuèláiyuènánle.
太好了，一个人做汉语作业越来越难了。

丽丽　wǒyěkéyǐbāngnǐjièshàozhōngguóliúxuéshēnga!
我也可以帮你介绍中国留学生啊！

雪儿　fǔdǎoyícìdàgàiduōchángshíjiān?
辅导一次大概多长时间？

丽丽　měicìdàgàiliǎnggèxiǎoshíjiùxíngle.
每次大概两个小时就行了。

雪儿　bùchángbùduǎn, zhènghéshìa.
不长不短，正合适啊。

生词

反复	fǎnfù 반복하다		办法	bànfǎ 방법
语伴	yǔbàn 언어친구		互相	hùxiāng 서로, 상호
安静	ānjìng 조용하다		专心	zhuānxīn 전심전력하다, 몰두하다
可以	kéyǐ …할 수 있다, 가능하다		介绍	jièshào 소개하다
辅导	fǔdǎo 도우며 지도하다		正合适	zhènghéshì 적당[적합]하다

'…得'

동사 혹은 형용사 뒤에서 보충 설명한다.
동작이 이루어 낸 정도 혹은 동의 상태를 설명한다.

例 学得好， 学得快。

'…得'를 응용하여 문장을 만들어 보세요.

1 说 ➡   ➡

2 写 ➡   ➡

'不… 不…'

'…하지도 …하지도 않다.'
의미가 상반되는 단어 · 형태소 앞에 쓰여 적절하거나 애매한 상태임을 나타낸다.

例 不长不短。

'不…不…'를 응용하여 문장을 만들어 보세요.

1 冷，热 ➡   ➡

2 快，慢 ➡   ➡

3 胖，瘦 ➡   ➡

'能⋯'

…할 수 있다, …할 가능성이 있다. 능력 또는 가능성을 표시한다.

> 倒 能更快提高

'会⋯'

능력. 추측. 못하는 것을 (배워서) …할 수 있다, …할 줄 안다.

> 倒 会更快提高

'可以⋯'

능력, 가능, 허가 …해도 된다, 할 수 있다.

> 倒 可以更快提高。

'能⋯, 会⋯, 可以⋯'를 응용하여 문장을 만들어 보세요.

1 说汉语 ➡   ➡

2 帮我练习 ➡   ➡

다음 단어들을 응용하여 그림에 맞게 대답해 보세요.

❶

A 你的汉语说得真好!

B _____ (差得远, 继续)

继续 jìxù 지속적으로

❷

A 怎么样才能学好汉语呢?

B _____  (多···)

❸

A 我的口语不太标准，真着急啊!

B ＿＿＿＿＿＿＿＿＿＿＿ (不要…)

❹

A 你平时一个人学习汉语吗?

B 我经常＿＿＿＿＿＿＿＿＿＿

A 你平时都在哪儿学习?

B ＿＿＿＿＿＿＿＿＿＿ (可以…)

다음 단어들을 내용에 맞게 순서대로 배열해보세요.

1 多听   学   外语   一定要   多说

➡ _____

외국어공부는 많이 듣고 많이 말해야 해요.

2 大声   开始   了   练习   我

➡ _____

저는 큰 소리로 연습하기 시작했어요.

3 着急   来   不要   慢慢儿

➡ _____

조급하지 말고 천천히 하세요.

4 聊天   可以   提高   经常   更快   口语水平

➡ _____

자주 이야기하면 말하기 실력을 빨리 향상시킬 수 있어요.

중국어 공부에 대한 雪儿의 고민과 노력에 대한 표현을 읽고 丽丽의 상황을 정리해보세요.

 雪儿

雪儿学了汉语一年多了，发音还是不太标准。她很着急。丽丽
经常帮雪儿大声练习发音。雪儿开始反复听，反复练习，她的
发音越来越标准了。

 丽丽

好好学习，天天向上
hǎohaoxuéxí, tiāntianxiàngshàng

열심히 공부하고 날마다 향상하다

大虾

dàxiā

프로 게이머 , 컴퓨터 게이머 중의 고수

'의협심이 강한 사람'을 일컫는 말—大侠(dàxiá)의 발음과
유사하며 긍정의 의미를 내포한다.

菜鸟

càiniǎo

초보 게이머

菜鸟 '야채새'는 즉 수준이 높지 않아'야채'취급을 받으며 누
구나 먹어치울 수 있는 존재라는 의미이다.

예 大虾, 你帮帮我这个菜鸟吧。
고수님, 이 왕 초보를 도와주세요.

早中晚
아침 · 점심 · 저녁

주요 표현

要么不吃，要么吃个面包

要么吃方便面，要么吃三明治

去学校食堂吃

去学校附近的饭店吃

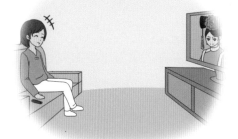

一边喝咖啡一边聊一聊学习上的问题

靠在沙发上一边休息一边看电视

食

丽丽
xiǎomíng, nǐpíngshíchīzǎofànma?
小明，你平时吃早饭吗？

小明
wǒzǎoshàngqǐbulái, yàomebùchī, yàomechīgemiànbāo.
我早上起不来，要么不吃，要么吃个面包。

丽丽
wǒyěhěnjiǎndān, zàibiànlìdiànyàomechīfāngbiànmiàn, yàomechīsānmíngzhì.
我也很简单，在便利店要么吃方便面，要么吃三明治。

小明
zhèxiēshípǐnyòupiányiyòuhǎochī.
这些食品又便宜又好吃。

丽丽
tādehǎochùshìyòujiǎndānyòujiéshěngshíjiān.
它的好处是又简单又节省时间。

小明
nǐpíngshízhōngwǔzàinǎrchīfàn?
你平时中午在哪儿吃饭？

丽丽
wǒyìbānzhōngwǔdōuqùxuéxiàoshítángchī. nǐne?
我一般中午都去学校食堂吃。你呢？

小明
wǒchánghépéngyǒuqùxuéxiàofùjìndefàndiànchī.
我常和朋友去学校附近的饭店吃。

丽丽   xuéxiàoménkǒunàjiāzhájiàngmiàndiàn, zhōngwǔxuéshengzhēnduōya
学校门口那家炸酱面店，中午学生真多呀。

小明   tājiādezhájiàngmiàntèbiéyǒurénqì
他家的炸酱面特别有人气。

丽丽   xiàkèhòu,   wǒjīngchángqùtājiāchīwǎnfàn
下课后，我经常去他家吃晚饭。

小明   xiàcì,   wǒmenyìqǐqùtājiāchīzhájiàngmiànba.   wǒqǐngkè
下次，我们一起去他家吃炸酱面吧。我请客！

生词

要么…要么 …yàome…yàome …하든지, 아니면 …하든지	
面包 miànbāo 빵	便利店 biànlìdiàn 편의점
方便面 fāngbiànmiàn 라면	三明治 sānmíngzhì 샌드위치
便宜 piányi 가격이 저렴하다	简单 jiǎndān 간단하다
节省时间 jiéshěngshíjiān 시간을 절약하다	一般 yìbān 보통
附近 fùjìn 부근	门口 ménkǒu 입구
炸酱面 zhájiàngmiàn 짜장면	人气 rénqì 인기
下次 xiàcì 다음 번	

余

小明 huíjiāyǐhòu, nǐwǎnshàngdōuzuòshénme?
回家以后，你晚上都做什么？

丽丽 chīguòwǎnfàn, kàozàishāfāshàng yìbiānxiūxiyìbiānkàndiànshì, fàngsōngyíxià.
吃过晚饭，靠在沙发上，一边休息一边看电视，放松一下。

小明 nǐzuìxǐhuānkànshénmediànshìjiémù?
你最喜欢看什么电视节目？

丽丽 wǒzuìxǐhuānkànyúlèjiémùhéyīnyuèjiémùle.
我最喜欢看娱乐节目和音乐节目了。

小明 wǒpíngshíhěnshǎokàndiànshì, wǒgèngxǐhuānwánrdiànnǎoyóuxì.
我平时很少看电视，我更喜欢玩儿电脑游戏。

丽丽 méiyǒukèdeshíhou, nǐdōuqùnǎlǐ?
没有课的时候，你都去哪里？

小明 wǒchánghépéngyǒuzàikāfēitīngjiànmiàn, wǒmendōuxǐhuānnàlǐlàngmàndeqìfen.
我常和朋友在咖啡厅见面，我们都喜欢那里浪漫的气氛。

丽丽 yìbiānhēkāfēiyìbiānliáoyìliáoxuéxíshàngdewèntí.
一边喝咖啡一边聊一聊学习上的问题。

nǐzhōumòyědāizàijiālǐxiūxihuòkàndiànshìma?

小明 你周末也呆在家里休息或看电视吗？

zhōumòwǒhuìjiànjianpéngyǒu, yìqǐchīfàn, guàngjiē, kàndiànyǐngshénmede.

丽丽 周末我会见见朋友，一起吃饭、逛街、看电影什么的。

nàme, zhègezhōumòwǒmenyǒugejùcān, huānyíngnǐlái.

小明 那么，这个周末我们有个聚餐，欢迎你来。

生词

靠	kào 기대다	沙发	shāfā 쇼파
放松	fàngsōng 정신적 긴장을 풀다	娱乐节目	yúlèjiémù 오락 프로그램
电脑游戏	diànnǎoyóuxì 컴퓨터게임	浪漫	làngmàn 낭만적이다. 로맨틱하다
气氛	qìfen 분위기	问题	wèntí 문제
呆在	dāizài 집안에 틀어박히다	逛街	guàngjiē 돌아다니다
聚餐	jùcān 회식을 하다	欢迎	huānyíng 환영하다

'要么… 要么…'

'…하든지, 아니면 …하든지.'
두 가지 상반된 혹은 대립되는 몇 가지 상황 중에서 선택을 하는 것을 나타낸다.

例 要么不吃，要么吃个面包。

'要么… 要么…'를 응용하여 문장을 만들어 보세요.

1 睡觉，起来 ➡   ➡

2 去，来 ➡   ➡

3 早上，晚上 ➡   ➡

'又… 又…'

'…하고 …도 하다.'
또. 다시. 거듭.
어떤 동작이나 상황이 중복되거나 계속됨을 나타낸다.

例 便宜，好吃 → 又便宜又好吃。

'又… 又…'를 응용하여 문장을 만들어 보세요.

1 近，方便 ➡   ➡

2 累，饿 ➡   ➡

3 学习，聊天 ➡   ➡

'很少…'

'자주…하지 않는다.'
很多란 표현은 쓰지 않는다.

例 看电视 → 很少看电视。

'很少…'를 응용하여 문장을 만들어 보세요.

1 运动 ⇒   ⇒

2 说汉语 ⇒   ⇒

3 吃中国菜 ⇒   ⇒

'…什么的'

(나열하는 말 마지막에 쓰여) …등. …같은 것. 기타 등등.

例 吃饭、逛街、看电影什么的。

'…什么的'를 응용하여 문장을 만들어 보세요.

1 衣服、鞋、包 ⇒   ⇒

2 苹果、葡萄、草霉 ⇒   ⇒

鞋 xié 신발   苹果 píngguǒ 사과   葡萄 pútao 포도   草霉 cǎoméi 딸기

말하기 연습

다음 단어들을 응용하여 그림에 맞게 대답해 보세요.

 ❶

A 你有课时，中午在哪儿吃饭？

B _____ (又…又…)

快餐店 kuàicāndiàn 패스트푸드(fastfood) 가게

❷

A 没有课时，你常和朋友在哪儿见面？

B _____ (一边…一边…)

❸

A 你最喜欢看的电视节目是什么？

B _____

中文频道 zhōngwénpíndào 중국채널

❹

A 你经常吃方便面吗？

B _____ (很少…)

发胖 fāpàng 살찌다. 뚱뚱해지다.

❺

A 晚上回家，你都做些什么？

B _____ (要么…要么…)

다음 단어들을 내용에 맞게 순서대로 배열해보세요.

1 体育   看电视剧   要么   我   频道   要么   看

   ➡ _____

   体育频道 tǐyùpíndào 스포츠채널   电视剧 diànshìjù 드라마

   저는 스포츠채널을 보든지 아니면 드라마를 본다.

2 音乐   一边   一下   节目   放松   看   一边

   ➡ _____

   음악 프로그램을 보면서 마음의 여유를 찾는다.

3 朋友   见面   在家   和   我   游戏   玩   喜欢

   ➡ _____

   저는 친구와 집에서 만나 게임하는 걸 좋아한다.

4 周末   在   朋友们   百货   购物   喜欢   我   和

   ➡ _____

   购物 gòuwù 쇼핑하다

   저는 주말에 친구들과 백화점에서 쇼핑하는 것을 좋아한다.

小明의 평소일과를 읽고 丽丽의 평소일과를 정리해보세요.

小明

小明平时都不吃早饭。因为他晚上喜欢玩电脑游戏，所以早上起不来。他平时有课时喜欢在学校附近的饭店吃饭，没有课时，喜欢和朋友去咖啡厅一边喝咖啡一边聊一聊学习上的问题。

丽丽

早上吃好，中午吃饱，晚上吃少
zǎoshangchīhǎo, zhōngwǔchībǎo, wǎnshangchīshǎo

'아침은 왕처럼. 점심은 신하처럼. 저녁은 거지처럼 먹는다.
早餐吃得像皇帝，午餐吃的像平民，晚餐吃得像乞丐

01 开学了　　02 慢慢儿来　　03 早中晚

1. 다음 그림을 보고 계절, 날씨에 관한 표현을 이야기해 보세요.

秋 가을

'了… 了… 了', '一… 就…'를 응용하여 다음 그림에 맞게 말해보세요.

秋天qiūtiān 가을　　凉快liángkuài 시원하다　　红叶hóngyè 단풍　　读书dúshū 독서하다

2. 다음 연속된 그림을 보고 이야기해보세요.

决心 결심

❶

又… 又…

❷

一… 就…

❸

一定要…

3. 다음 연속된 그림을 보고 이야기해보세요.

一日三餐 삼시 세끼(시간, 장소, 음식에 관한 표현)

❶

要么… 要么…

❷

又… 又…

❸

要么… 要么…

PART **2**

日常生活

일상생활

马大哈

mǎdàhā

부주의한 사람. 덜렁되는 사람, 덜렁꾼. 건망증이 심한 사람.

马大哈는 1950년대 중국의 희곡 극작가이자 곡예작가인 만주족 하지남(何迟男)이 창작하고 저명한 표현예술가 마삼립(马三立)이 연출한 만담인 〈원숭이를 사다(买猴)〉에서 만들어져 알려진 인물이다. 그는 섬세하지 않고 무슨 일이나 대충대충하는 습관이 있었다.

他是个马大哈，钥匙，钱包什么的经常丢。

그는 건망증이 심해서 열쇠, 지갑 등을 잘 잃어버린다.

糟糕的一天
암담한 하루

CHAPTER 04

주요 표현

糟糕! 我又睡懒觉了。

坏了! 今天考试。

经常堵车, 烦死了!

快累死了!

对不起! 我来晚了!

死定了!

急死了!

肯定考砸了!

惊

(zǎoshang, xiǎomíngbèidiànhuàlíngshēngjīngxǐng)
(早上，小明被电话铃声惊醒。)

wèi!
小明 喂！

xiǎomíng, nǐzěnmeháiméiláishàngkèya?
雪儿 小明，你怎么还没来上课呀？

zāogāo! wǒyòushuìlǎnjiàole.
小明 糟糕！我又睡懒觉了。

nǐzhèlǎnchóng! jīntiānkǎoshì, nǐwànglema?
雪儿 你这懒虫！今天考试，你忘了吗？

huàile! jīntiānyǒukóuyǔbèisòngkǎoshìba!
小明 坏了！今天有口语背颂考试吧！

duì! kuàidiǎnrláiya,
雪儿 对！快点儿来呀！

hǎo! wǒmǎshàngchūmén.
小明 好！我马上出门。

雪儿 我跟崔老师说，你路上堵车。

wǒgēncuīlǎoshīshuō, nǐlùshàngdǔchē.

小明 谢谢你，还是你最够意思。

xièxiènǐ, háishìnǐzuìgòuyìsi.

生词

糟糕 zāogāo 엉망이 되다, 망치다	**惊醒** jīngxǐng 놀라서 깨다
懒虫 lǎnchóng 게으름뱅이, 게으른 놈	**背颂** bèisòng 외우다
出门 chūmén 외출하다, 집을 나서다	**还是** háishì 그래도, 역시
铃声 língshēng 벨소리	**懒觉** lǎnjiào 늦잠
坏了 huàile 글렀다, 아뿔싸, 큰일이다	**马上** mǎshàng 곧, 즉시, 바로
堵车 dǔchē 교통이 꽉 막히다	**最** zuì 가장, 제일, 아주, 매우
够意思 gòuyìsi 친구답다, 의리가 있다	

cuīlǎoshī, zhèngzàidiǎnmíng

(교실에서) 崔老师，正在点名。

xiǎomíng! xiǎomíngtóngxué!

崔老师　小明！小明同学！

cuīlǎoshī! xiǎomínglùshàngdǔchēdǔdelìhai, kuàiyàodàole.

雪儿　　崔老师！小明路上堵车堵得厉害，快要到了。

ò! tāyòuchídàole!

崔老师　哦！他又迟到了！

(xiǎomíngtuīkāijiàoshimén, dīzhetóu, qìchuǎnxūxūdeshuō:)

(小明推开教室门，低着头，气喘吁吁地说:)

lǎoshī, duìbùqǐ! wǒláiwǎnle!

小明　　老师，对不起！我来晚了！

yòudǔchēleba!

崔老师　又堵车了吧！

xiàcì yídìngzǎodiǎnrlái!

小明　　下次，一定早点儿来！

kuàijìnqùzhǔnbèikǎoshìba!

崔老师　快进去准备考试吧！

生词

厉害 lìhai 대단하다. 굉장하다　　　推开 밀어 열다. 밀어젖히다

低着头 머리를 숙이다　　　　　　　点名 diǎnmíng 출석을 부르다

气喘吁吁 qìchuǎnxūxū 호흡을 가쁘게 몰아쉬다

(zuòdàoxuěérpángbiānshuō:)
(坐到雪儿旁边说:)

小明 　bùhǎoyìsia!　　wǒyòuchídàole
　　　不好意思啊! 我又迟到了。

雪儿 　jísǐle,　　　wǒmenkuàidiǎnrliànxíba.
　　　急死了! 我们快点儿练习吧。

小明 　zěnmebàn!　wǒbèidebùshúliàna
　　　怎么办! 我背得不熟练啊。

雪儿 　sǐdìngle!　　wǒmenshìdìyígeshùnxù
　　　死定了! 我们是第一个顺序。

小明 　nǐbèidezěnmeyànga?
　　　你背得怎么样啊?

雪儿 　wǒgēnnǐyíyàng,　　shuōdebùtàiliúlì
　　　我跟你一样, 说得不太流利!

小明 　āi!　　zhècìkěndìngkǎozále!
　　　哎! 这次肯定考砸了!

雪儿 　zhēnshìzāogāodeyìtiāna
　　　真是糟糕的一天啊!

生词

急死 jísǐ 몹시 초조하게[애타게] 하다　　死定了 sǐdìngle 딱 걸렸어! 죽었구나

流利 liúlì 유창하다　　　　　　　　　熟练 shúliàn 숙련되어 있다

顺序 shùnxù 순서　　　　　　　　　　肯定 kěndìng 틀림없이, 확실히

考砸 kǎozá 시험을 망치다

(kǎoshìjiéshùyǐhòu)

(考试结束以后)

雪儿　你昨天忙什么了？
nǐzuótiānmángshénmele?

小明　昨天打扫房间，快累死了。
zuótiāndǎsǎofángjiān, kuàilèisǐle

雪儿　你搬到学校公寓了吗？
nǐbāndàoxuéxiàogōngyùlema?

小明　是啊，我的家太远了，经常堵车，烦死了！
shìa, wǒdejiātàiyuǎnle, jīngchángdǔchē, fánsǐle!

雪儿　你怎么没有叫我帮忙呢？
nízěmeméiyǒujiàowǒbāngmánne?

小明　我不想麻烦你。
wǒbùxiǎngmáfánnǐ.

雪儿　你新搬的房子怎么样？
nǐxīnbāndefángzizěnmeyàng?

小明　房间很小，不过各种家电都很齐全。
fángjiānhěnxiǎo, búguògèzhǒngjiādiàndōuhěnqíquán.

yàowǒbāngmándǎsǎoma?

雪儿　要我帮忙打扫吗?

búyòng, shōushihǎole,　wǒyāoqǐngnǐ.

小明　不用，收拾好了，我邀请你。

yìyánwéidìnga!

雪儿　一言为定啊!

生 词

打扫 dǎsǎo 청소하다

搬 bān 옮기다, 이사를 가다, 나르다

麻烦 máfán 귀찮다, 성가시다

不过 búguò 그러나, 하지만

家电 jiādiàn 家用电器 (가정용 전기제품)의 약칭

齐全 qíquán 완비하다, 완벽히 갖추다, 번거롭다.

收拾 shōushi 어수선하게 흩어진 물건을 다시 정돈함

邀请 yāoqǐng 초청하다, 초대하다.

一言为定 yìyánwéidìng[성어] 번복함이 없이 한 마디로 약속하다

累死了 lèisǐle 피곤해 죽겠어

公寓 gōngyù 아파트, 하숙집, 단체 기숙사

房间 fángjiān 방

各种 gèzhǒng 각종의, 갖가지의

'快(要) …了'

'곧 …이다, 머지않아 …할 것이다.'
구체적인 시간 또는 곧 어떤 일이 일어날 것임을 나타낸다.

> 例 累死了 → 快累死了。

'快(要) …了'를 응용하여 문장을 만들어 보세요.

1 考试 ⟹   ⟹

2 急死 ⟹   ⟹

'怎么…'

'…어떻게 …왜.'
방식·원인·성질·사정 등을 물을 때 사용한다.
'뜻밖이다, 이상하다'는 어감을 나타낸다.

> 例 怎么没来?

'怎么…'를 응용하여 문장을 만들어 보세요.

1 不吃 ⟹   ⟹

2 上课 ⟹   ⟹

3 回家 ⟹   ⟹

'…死了'

'정말 …하다, 너무 …하다, …해 죽겠다'
…한 정도가 극도로 …하다를 표현할 때 활용한다.
형용사나 동사와 같은 술어 뒤에 결합한다.

例 急死了。

'…死了'를 응용하여 문장을 만들어 보세요.

1 气 ➡   ➡

2 累 ➡   ➡

3 饿 ➡   ➡

다음 단어들을 응용하여 그림에 맞게 대답해 보세요.

❶

A 你怎么还没来上课呀?

B _____! (睡懒觉)

❷

A 你新搬的公寓怎么样?

B _____ (近，小，家电)

❸

A 你今天考试考得怎么样?

B ＿＿＿＿＿＿＿＿＿＿＿＿ (糟糕, 考砸)

❹

A 你忙什么呢?

B ＿＿＿＿＿＿＿＿ (打扫, 快…了)

다음 단어들을 내용에 맞게 순서대로 배열해보세요.

1 堵车   今天   堵   厉害   得   路上

➡ _____

오늘 차가 너무 심하게 정체되어 있어요.

2 打扫   累   昨天   快   房间   死了

➡ _____

어제 방 청소하느라 피곤해 죽겠어요.

3 迟到   睡懒觉   每天   经常   所以   我

➡ _____

저는 매일 늦잠을 자서 자주 지각을 해요.

4 考砸   怎么   今天   了   汉语考试   又

➡ _____

오늘 중국어시험을 어떻게 또 망쳤어요?

小明의 지각, 미안함, 시험을 망친 상황에 대한 표현을 읽고 雪儿의 의리 있는 처사에 대한 내용을
정리해보세요.

小明

昨天，小明搬家忙碌了一天，早上起晚了。今天小明又迟到
了。有口语考试，他忘了，没有好好复习。糟糕！今天的考试
考砸了。

雪儿

外语是人生斗争的一种武器。
wàiyǔshìrénshēngdòuzhēngdeyìzhǒngwǔqì

외국어는 생존 무기이다.

人生斗争 삶의 투쟁   武器 무기

吹牛(皮)

chuīniú(pí)

허풍을 떨다. 큰소리치다. 흰소리하다.

吹牛는 소를 불다가 아니라 '허풍을 치다', '거짓말을 하다'란
의미로 중국 사람들이 자주 쓰는 속어이다.
옛날에 황하 강을 건널 때 양가죽에 바람을 넣어서 건너곤
했는데, 어떤 사람이 양가죽 대신 소가죽을 이용해 강을 건널
수 있다고 허풍을 쳤다는 데서 유래되었다고 한다.

예 你真爱吹牛。
당신은 허풍을 너무 떨어.

倒霉的一天
재수 없는 날

谢谢你来看我

脸，手和胳膊都被擦伤了

真倒霉！

被一辆车撞到了

谢谢你帮我补课

脖子扭伤了

险

丽丽　xiǎomíng, tīngshuōnǐzhùyuànle, dàjiādōuhěndānxīnnǐ.
小明，听说你住院了，大家都很担心你。

小明　xièxiènǐláikànwǒ, nǐkàn! wǒméishìr.
谢谢你来看我，你看！我没事儿。

丽丽　āiyōu! nǐdeliǎn, shǒuhégēbodōubèicāshāngleya!
哎呦！你的脸，手和胳膊都被擦伤了呀！

小明　búyàodàjīngxiǎoguàide, zhèxiēdōushìxiǎoshāng.
不要大惊小怪的，这些都是小伤。

丽丽　dàodǐshìzěnmeshāngdàode?
到底是怎么伤到的？

小明　zhēndǎoméi, zuótiānguòmǎlùdeshíhòu, bèiyíliàngchēzhuàngdàole.
真倒霉，昨天过马路的时候，被一辆车撞到了。

丽丽　á?　nǐchuǎnghóngdēnglema?
啊？你闯红灯了吗？

小明   nǎra!   shìnàwèisījīkāidetàikuàile.
哪儿啊！是那位司机开得太快了。

丽丽   hǎowēixiǎna! nǐshāngdezěnmeyàng?
好危险啊！你伤得怎么样？

小明   hěnxìngyùn, dàifushuō, méiyǒugǔzhé
很幸运，大夫说，没有骨折。

生词

住院 zhùyuàn 입원하다

没事儿 méishìr 괜찮다, 무사하다.

手 shǒu 손

擦伤 cāshāng 찰과상을 입다. 까지다

大惊小怪 dàjīngxiǎoguài 별것 아닌 일에 크게 놀라다

小伤 xiǎoshāng 작은 상처

到底 dàodǐ 도대체 [의문문에 쓰여 깊이 따지는 것을 나타냄]

倒霉 dǎoméi 재수가 없다, 불운하다

撞 zhuàng 부딪치다

司机 sījī 기사

幸运 xìngyùn 운이 좋다

担心 dānxīn 염려하다, 걱정하다

脸 liǎn 얼굴

胳膊 gēbo 팔

伤 shāng 다치다

被 bèi …에게 …를 당하다

闯红灯 chuǎnghóngdēng 신호를 위반하다

危险 wēixiǎn 위험하다

大夫 dàifu, 医生 yīshēng 의사

幸

丽丽
nàwèisījīzěnmeyàngle?
那位司机怎么样了?

小明
tādebózibèiniǔshāngle, zhèngzàizhìliáo.
他的脖子被扭伤了,正在治疗呢。

丽丽
nǐshénmeshíhòunéngchūyuàn?
你什么时候能出院?

小明
zàiyīyuànhǎowúliáoa, wǒmíngtiānjiùxiǎngchūyuàn.
在医院好无聊啊,我明天就想出院。

丽丽
zhèshizuótiāndegōngkèbǐjì, nǐkànkanba.
这是昨天的功课笔记,你看看吧。

小明
xièxienǐbāngwǒbǔkè
谢谢你帮我补课。

丽丽
búkèqi! zhèliǎngtiāndebǐjì, wǒhuìfādàonǐdeyōuxiānglǐ.
不客气!这两天的笔记,我会发到你的邮箱里。

小明
máfánnǐle, wǒyídìngrènzhēnfùxí.
麻烦你了,我一定认真复习。

丽丽   zhèshìdàjiāgěinǐmǎidelǐwù,   xīwàngnǐzǎorìhuīfùjiànkāng.
丽丽   这是大家给你买的礼物，希望你早日恢复健康。

小明   hǎoxiǎngdàjiāya
小明   好想大家呀！

丽丽   hǎohaoxiūyǎngba.
丽丽   好好修养吧！

生词

骨折 gǔzhé 골절되다	脖子 bózi 목
扭伤 niǔshāng 삠, 접질림	治疗 zhìliáo 치료하다
无聊 wúliáo 무료하다, 따분하다	出院 chūyuàn 퇴원하다
功课 gōngkè 공부, 숙제, 리포트	笔记 bǐjì 필기 기록
发 fā 보내다, 발송하다	邮箱 yōuxiāng 이메일 주소
恢复健康 huīfùjiànkāng 건강을 회복하다	修养 xiūyǎng 휴양하다

'被…'

'…에게 …를 당하다.'
a가 b에 의해 어떻게 되다(당하다)

例 车撞了我 → 我被车撞了。

'被…'를 응용하여 문장을 만들어 보세요.

1 我吃饭 ➡   ➡

2 妈妈看信 ➡   ➡

3 打开门 ➡   ➡

'…伤'

상처
'…상하다, 다치다.'

例 擦伤

'…伤'를 응용하여 문장을 만들어 보세요.

1 撞 ➡   ➡

2 扭 ➡   ➡

3 烫 ➡   ➡

얼굴과 몸의 명칭을 익혀봅시다.

头 tóu	耳朵 ěrduo	眼睛 yǎnjing	嘴 zuǐ
手 shǒu	胳膊 gēbo	脖子 bózi	腰 yāo
腿 tuǐ	膝盖 xīgài	脚 jiǎo	

말하기 연습

다음 단어들을 응용하여 그림에 맞게 대답해 보세요.

❶

A 你的腿怎么了?

B _____ (踢足球, 扭伤)

踢足球 tīzúqiú 축구를 하다.

❷

A 你是怎么住院的?

B _____ (骑得…, 摔伤)

骑 qí 타다   摔伤 shuāishāng 넘어져서 다치다

74

❸

A 你的手怎么伤的?

B 真倒霉,_____ (被…, 割伤)

割伤 gēshāng 베어 상처가 나다

❹

A 你的脚怎么了?

B _____ (扭伤)

A 你去医院了吗?

B _____ (大惊小怪)

下楼梯 xiàlóutī 계단을 내리다

다음 단어들을 내용에 맞게 순서대로 배열해보세요.

1 撞   被   自行车   倒了

⇒ _____

자전거에 부딪쳐 넘어졌어요.

2 脚   扭伤   不小心   了。

⇒ _____

조심하지 않아 발목을 접질렀어요.

3 倒霉   今天   真

⇒ _____

오늘은 너무 재수가 없어요.

4 来看我   谢谢你   医院   太   了   无聊。

⇒ _____

병문안 와줘서 너무 고마워요. 병원은 너무 심심해요.

小明의 사고과정과 건강상황을 읽고 丽丽의 병문안에 대한 상황을 정리해보세요.

 小明

昨天，小明过马路的时候被车撞伤了。他的脸，手和胳膊都擦
伤了。大夫说，很幸运，没有骨折，回家休息一段时间就好了。
小明很无聊，明天就想出院。

 丽丽

伤筋动骨一百天
shāngjīndònggǔyibǎitiān

뼈를 다치면 낫는데 백일이 걸린다.

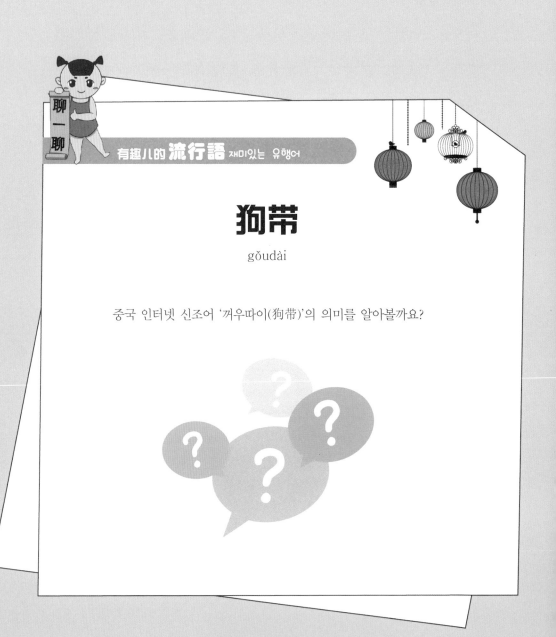

狗带

gǒudài

중국 인터넷 신조어 '꺼우따이(狗带)'의 의미를 알아볼까요?

谁跟谁呀！
우리사이가 누구냐!

祝你越来越漂亮。

谢谢你们的礼物。

祝你20岁生日快乐！

快到父母节了,

你想送家人什么礼物?

祝老人家健康长寿!

祝老人家长命百岁!

节

雪儿　jīntiānshìlìlìdeshēngrì,　nǐjìdema?
今天是丽丽的生日，你记得吗?

小明　dāngránjìde!　nǐkàn!　wǒháizhǔnbèilelǐwùne.
当然记得! 你看! 我还准备了礼物呢。

雪儿　nǐzhēnxìxīn, wǒmenkuàiqùqìngzhùyíxiàba.
你真细心，我们快去庆祝一下吧。

小明　kuàizǒuba. jīntiānháishìértóngjiéne!
快走吧。今天还是儿童节呢!

雪儿　wǔyuè, jiérìzhēnduōya! gāngguòleláodòngjiéhéfódànrì.
5月! 节日真多呀! 刚过了劳动节和佛诞日。

小明　háiyǒufùmǔjiéhéjiàoshījiéne.
还有父母节和教师节呢。

雪儿　kuàidàofùmǔjiéle,　nǐxiǎngsòngjiārénshénmelǐwù?
快到父母节了，你想送家人什么礼物?

小明　wóxiǎngmǎiyíshùméiguìhuāsònggěimāma.
我想买一束玫瑰花送给妈妈。

雪儿   wǒdefùmǔniánjìdàle,   wóxiǎngmǎiyíngyǎngpǐnsònggěitāmen.
我的父母年纪大了，我想买营养品送给他们。

小明   nǐměiniánzěnmeguòshēngrìa?
你每年怎么过生日啊？

雪儿   wǒshìyíyuèchūshēng, měicìgēnjiārényìqǐguò.
我是一月出生，每次跟家人一起过。

小明   xiàcìnǐdeshēngrì,   wǒhélìliyídìngqù.
下次你的生日，我和丽丽一定去。

劳动节 láodòngjié 근로자의 날
佛诞日 fódànrì 부처님 오신 날
父母节 fùmǔjié 어버이 날
教师节 jiàoshījié 스승의 날

生词

礼物 lǐwù 선물

庆祝 qìngzhù 경축하다

一束 yíshù 한 다발, 한 묶음

年纪大 niánjìdà 나이가 많다

家人 jiārén 한 가족

细心 xìxīn 세심하다

节日 jiérì 명절

玫瑰花 méiguìhuā 장미

营养品 yíngyǎngpǐn 영양식품

庆

(lìlidesùshè)
(丽丽的宿舍)

雪儿　丽丽，祝你20岁生日快乐!
lìli,　　zhùnǐèrshísuìshēngrìkuàilè!

小明　这是我送给你的礼物，祝你越来越漂亮。
zhèshìwǒsònggěinǐdelǐwù,　zhùnǐyuèláiyuèpiàoliàng.

丽丽　谢谢你们的礼物，让你们破费了。
xièxiènǐmendelǐwù,　ràngnǐmenpòfèile.

小明　咱们之间谁跟谁呀!
zánmenzhījiānshéigēnshéiya!

雪儿　只要你喜欢，我们就很高兴了。
zhǐyàonǐxǐhuān,　wǒmenjiùhěngāoxìngle.

丽丽　你们能来，就是最大的礼物了。
nǐmennénglái, jiùshìzuìdàdelǐwùle.

雪儿　这是明姬送给你的生日蛋糕，她今天不能来了。
zhèshìmíngjīsònggěinǐdeshēngrìdàngāo, tājīntiānbùnénglláile.

小明　听说，今天是她奶奶的八十大寿。
tīngshuō, jīntiānshìtānǎinaidebāshídàshòu.

丽丽 　wǒmenyìqǐgěitādǎdiànhuà,　zhùlǎorénjiājiànkāngchángshòuba!
我们一起给她打电话，祝老人家健康长寿吧!

雪儿 　xiànzàishìbǎisuìshídàile,　wǒzhùlǎorénjiāchángmìngbǎisuì!
现在是百岁时代了，我祝老人家长命百岁!

小明 　jīntiānyòushìjiérìyòushìshēngrì,　hǎojílìya!
今天又是节日又是生日，好吉利啊!

丽丽 　jīntiānshìwǒdeshēngrì,　wǒtèbiézuòlejǐyàngnáshǒudecài.
今天是我的生日，我特别做了几样拿手的菜。

雪儿 　lìlizuòcàizuòdetèbiéhǎochī,　xiǎomíng,　nǐyīnggāichángyicháng.
丽丽做菜做得特别好吃，小明，你应该尝一尝。

丽丽 　nǐtàiguòjiǎngle.　láilái!　búyàokèqi
你太过奖了。来来! 不要客气!

小明 　wǒkuàièsǐle!　wǒjiùbúkèqile.
我快饿死了! 我就不客气了。

生词

送给 sònggěi …가 …에게 선물하다

拿手 náshǒu 가장 자신 있는 요리

过奖 guòjiǎng 과찬이십니다

破费 pòfèi 쓸데없이 돈을 쓰고 그러세요

尝一尝 chángyicháng 맛을 좀 보다

饿死了 èsǐle 배고파 죽겠어

'送，送给…'

'…가 …에게 선물하다. 보내다'

例 希望送，送给我书

'送／送给…'를 응용하여 문장을 만들어 보세요..

1 朋友礼物 ➡   ➡

2 惊喜 ➡   ➡

'给…'

'…가 …에게'

例 给她打电话。

'给…'를 응용하여 문장을 만들어 보세요.

1 妈妈写信   ➡   ➡

2 老师发短信 ➡   ➡

'还…'

'또. 더. 게다가.'
이미 지정된 범위 외에 더 증가하거나 보충됨을 나타낸다.

'还有…' '그리고. 또한'
'还是…' '여전히. 아직도. 변함없이. 원래대로. 그래도. 끝내. 역시

例 还准备了礼物。

'还…'를 응용하여 문장을 만들어 보세요.

1 喝了咖啡 ➡   ➡

2 买了衣服 ➡   ➡

3 去了学校 ➡   ➡

'祝你(您)…'

'…하길 바란다, …빕니다.'

例 祝你年轻漂亮。

'祝你(您)…'를 응용하여 문장을 만들어 보세요.

1 成绩进步 ➡   ➡

2 发财 ➡   ➡

成绩 chéngjì 성적　　发财 fācái 부자 되세요

다음 단어들을 응용하여 그림에 맞게 대답해 보세요.

❶

A 你今年生日怎么过的?

B _____ (还…)

炸鸡 zhájī 치킨, 통닭   啤酒 píjiǔ맥주

❷

A 快到父母节了, 你想送家人什么礼物?

B _____ (我想…)

❸

A 你过生日时，最想收到什么礼物？

B _____ (希望)

❹

A 今天又是父母节又是奶奶大寿。

B _____ (吉利，祝…)

❺

A 我做了几样拿手菜。

B _____ (做得…)

다음 단어들을 내용에 맞게 순서대로 배열해보세요.

1 快到   了   一件   母亲节   我   送妈妈   想   衣服

⇒ ＿＿＿＿＿＿＿＿＿＿＿＿＿＿＿＿＿＿＿，＿＿＿＿＿＿＿＿＿＿＿＿＿＿＿

곧 어버이날인데, 어머님께 옷 한 벌 선물하고 싶어요.

2 年轻   越来越   漂亮   祝你

⇒ ＿＿＿＿＿＿＿＿＿＿＿＿＿＿＿＿＿＿＿＿＿＿＿＿＿＿＿＿＿＿＿＿＿＿

더 젊고 예뻐지길 바래요.

3 礼物   你们的   让   谢谢   破费了   你们

⇒ ＿＿＿＿＿＿＿＿＿＿＿＿＿＿＿＿＿＿＿＿＿＿＿＿＿＿＿＿＿＿＿＿＿＿

선물 고마워요, 쓸데없이 돈을 쓰고 그러세요.

4 今天   生日   节日   又是   好   又是   吉利呀

⇒ ＿＿＿＿＿＿＿＿＿＿＿＿＿＿＿＿＿＿＿＿＿＿＿＿＿＿＿＿＿＿＿＿＿＿

오늘은 명절이기도 하고 생일이기도 하여 너무 길한 날이네요.

丽丽의 생일과 관련 된 서술을 읽고 雪儿과 小明의 상황을 각각 정리해보세요.

 丽丽

5月，节日真多。有劳动节，佛诞日，儿童节，父母节和教师节。
今天又是丽丽的生日又是儿童节。雪儿和小明去给他庆祝，她
很高兴。她做了几样拿手的菜，做得特别好吃。

 雪儿

 小明

福如东海, 寿比南山
fúrúdōnghǎi, shòubǐnánshān

복 많이 받으시고 오래오래 사세요.
(생일 등을 축하하는 말로 같이 쓰인다.)

1. 다음 연속된 그림을 보고 이야기해보세요.

糟糕 망했네

❶

坏了

❷

急死了!

❸

糟糕!

2 다음 연속된 그림을 보고 이야기해보세요.

幸运 행운

❶

被…

❷

擦伤

❸

补课

3. 다음 연속된 그림을 보고 이야기해보세요.

祝寿 생신축하

又是… 又是…

礼物

祝您…

본문해석

1. 봄

雪儿 개학이네. 날씨가 점점 따뜻해.

丽丽 한 해가 참으로 빨리도 가지. 벌써 2학년이라니.

雪儿 두 번째로 맞이하는 캠퍼스 봄이야.

丽丽 봐! 캠퍼스 벚꽃이 다 폈어

雪儿 정말 예쁘기도 하지. 리리, 넌 봄이 좋아?

丽丽 난 봄이 별로야. 바람도 불고 너무 건조해서 말이야.

雪儿 봄은 추웠다 더웠다 하여 쉽게 감기 걸려.

丽丽 기상예보에서 오늘 흐리고 어제보다 춥다네.

雪儿 초봄이라 너무 적게 입지 말고 감기나 조심해.

丽丽 그래. 난 봄이 오면 목감기가 찾아오지.

雪儿 병원은 가 봤어?

丽丽 고질병인걸.

2. 졸음

雪儿 오늘 수업 있어?

丽丽 오전 3, 4교시 회화수업이 있어.

雪儿 에휴, 난 오후 수업이야. 틀림없이 또 졸 것 같아.

丽丽 나도 마찬가지야, 졸리고 피곤하기까지 해.

雪儿 바깥은 덥고, 교실은 추우니 따뜻한 물 많이 마셔.

丽丽 요즘 일어나는 게 무척 힘들어.

雪儿 그건 "춘곤증"이야.

丽丽 수업시간에 책만 보면 졸리지 뭐니.

雪儿 나도 그래. 수업만 들으면 졸려.

丽丽 쉬는 시간에 같이 핫 커피 한 잔 하러 갈까?

雪儿 좋지. 몸도 좀 녹이고 정신도 좀 가다듬어야지.

02 천천히 합시다.

1. 배움

雪儿 리리, 이번 학기 몇 과목 들어?

丽丽 총 여섯 과목 신청 했어.

雪儿 어떤 전공교과목 수강해?

丽丽 중급한어, 어법, 회화와 습작이야.

雪儿 넌 중국어 워낙 잘 하니.

丽丽 그렇지 않아, 아직도 부족한 걸.

雪儿 난 1년 넘게 배웠는데 발음이 아직도 좋지 않아.

丽丽 조급해 하지 마. 천천히 하면 되.

雪儿 알려줘. 어떻게 해야 빨리 배울 수 있을까?

丽丽 당연히 많이 듣고 많이 말하는 거지 뭐.

雪儿 최 선생님은 내 목소리가 너무 작데, 큰 소리로 연습하라고 하셔.

丽丽 그래. 큰 소리로 연습하면 중국어회화실력을 더 빨리 향상시킬 수 있어.

雪儿 나 좀 도와줄 수 있지?

丽丽 당연히 도와야지.

2. 말하기

丽丽 설아. 너 중국어 발음이 점점 좋아지고 있어.

雪儿 큰 소리로 발음연습을 시작했거든.

丽丽 매일 반복해서 듣고 연습하는 것이 최고 빠른 방법이야.

雪儿 늘 나와 연습해 줘서 고마워.

丽丽 매주 월, 수요일에 중국 언어친구랑 공부하는 데 참여하고 싶지 않아?

雪儿 물론 하고 싶지. 평소 어디서 공부해?

丽丽 우린 도서관에서 만나.

雪儿 조용해서 공부에 몰두 할 수 있겠네.

丽丽 중국 사람과 자주 이야기 하면 회화실력을 빨리 향상할 수 있어.

雪儿 잘됐네. 혼자 중국어숙제를 하는데 점점 어려움을 느끼거든.

丽丽 중국 유학생도 소개시켜 줄 수 있는데.

雪儿 한 번에 몇 시간 공부해?

丽丽 매 번 두 시간이면 충분해.

雪儿 길지도 짧지도 않고 적당하네.

03 아침, 점심, 저녁

1. 삼시세끼

丽丽 샤오밍, 넌 평소 아침은 먹니?

小明 난 아침에 못 일어나. 안 먹든지 아님 빵 한 조각 먹든지 그래.

丽丽 나도 아주 간단해. 편의점에서 라면이나 샌드위치를 먹고 해.

小明 이 식품들은 가격이 저렴하고 맛이 있지.

丽丽 편리하고 시간 절약이 이 식품들의 장점이지.

小明 보통 점심은 어디서 먹지?

丽丽 난 보통 구내식당에서 점심 먹어. 너는?

小明 난 늘 친구랑 학교 근처 식당에서 먹어.

丽丽 학교 입구에 있는 자장면 집은 점심 때 학생이 정말 많더라.

小明 그 집 자장면이 워낙 인기가 좋아.

丽丽 수업 마치고, 저녁을 그 집에서 자주 먹거든.

小明 다음에는 같이 가서 자장면 먹자.

2. 여유

小明 집에 가서, 밤에는 뭐 해?

丽丽 저녁 먹고, 소파에 기대 쉬기도 하고 한편으로 TV를 보면서 긴장을 풀곤 해.

小明 어떤 프로그램을 가장 보기 좋아해?

丽丽 난 오락프로그램과 음악 프로그램을 보기 좋아해.

小明 난 평소 TV를 별로 시청하지 않은 편이야. 컴퓨터 게임을 더 좋아하니까.

丽丽 수업 없는 날은 어디 가?

小明　난 늘 친구랑 커피숍에서 만나. 우린 그 곳의 낭만적인 분위기를 좋아하거든.

丽丽　커피도 마시고 수업에 관해 논의도 하겠지.

小明　넌 주말도 집에서 쉬거나 TV를 시청하니?

丽丽　주말은 친구랑 만나 같이 밥도 먹고, 쇼핑도 하고, 영화를 보기도 하지.

小明　그럼, 이번 주말에 우리 회식이 있으니까 왔으면 좋겠네.

CHAPTER

04 암담한 하루

1. 놀람

(아침, 샤오밍은 전화 벨소리에 놀라 깨어났다.)

小明　여보세요?

雪儿　샤오밍, 너 왜 아직 수업하러 오지 않았어?

小明　망쳤구나. 또 늦잠을 잤지 뭐니.

雪儿　이 게으름뱅이야. 오늘 시험 치는데 잊었어?

小明　큰일 났네. 오늘 회화본문 암기 시험이 있었지.

雪儿　그래. 빨리 와.

小明　알았어. 바로 갈게.

雪儿　최 선생님께는 차가 막혀 늦는다 말씀 드릴게.

小明　고마워. 역시 의리 있는 친구야.

(최 선생님께서 출석을 체크한다.)

崔老师　샤오밍, 샤오밍 학생.

雪儿　최 선생님. 샤오밍이 극심한 교통 체증으로 거의 다 왔어요.

崔老师　그래. 또 지각이구나.

(샤오밍은 교실 문을 밀고 들어와 머리를 숙이고 숨 가쁘게 말 한다.)

小明　선생님, 늦어서 죄송해요.

崔老师　또 차가 막혔군요.

小明　다음은 꼭 일찍 올 게요.

崔老师　어서 들어가 시험 준비 하세요.

2. 초조함

(설아 옆자리에 앉고 말한다.)

小明 미안해, 설아. 또 지각했어.

雪儿 속이 타 죽겠네. 우리 빨리 연습하자.

小明 어떡해. 난 아직 자신 없는데.

雪儿 죽었네, 죽었어. 우리가 하필 첫 번째 순서지 뭐니.

小明 넌 다 암기했어?

雪儿 자신 없긴 너랑 마찬가지야.

小明 에이. 이번에 틀림없이 망쳤네.

雪儿 정말 엉망인 하루네.

(시험을 마치고)

雪儿 너 어제 뭐 했어?

小明 어제 방 청소하느라 피곤해 죽을 지경이야.

雪儿 학교 아파트로 옮겼니?

小明 그래. 집이 너무 멀고 늘 차가 막혀 귀찮아 죽겠어.

雪儿 나 부르지 그랬어?

小明 너 귀찮게 하고 싶지 않았어.

雪儿 새로 옮긴 방은 어때?

小明 방은 작지만, 각 종 가전은 다 갖췄어

雪儿 청소 도와줄 까?

小明 아니야, 내가 다 정리하면 초대할게.

雪儿 그렇게 하기로 하자.

05 재수 없는 날

1. 위험

丽丽 샤오밍, 입원했다 하여 다들 걱정하고 있어.

小明 병문안 와 줘서 너무 고마워. 봐봐. 끄떡없어.

丽丽 아이고. 얼굴, 손이며 팔에 전부 찰과상이네.

小明 별 것 아니야. 가벼운 찰과상일 뿐인 걸.

丽丽 도데체 어떻게 다친 거니?

小明 재수가 없었지. 어제 횡단보도를 지나는데 어떤 차량에 의해 부딪쳤어.

丽丽 앗, 너 신호 위반 했어?

小明 아니, 기사님이 너무 속도를 냈지 뭐야.

丽丽 큰일 날 뻔 했네. 어느 정도 다친 거야?

小明 운이 좋았지. 의사 선생님 말로는 골절은 아니래.

ㄹ. 행운

丽丽 기사님은 어떠셔?

小明 그 분 목이 접질러 치료 중이야.

丽丽 넌 언제 퇴원 할 거야?

小明 병원에 있으니까 너무 심심해. 내일 당장 퇴원하고 싶어

丽丽 이게 어제 강의 노트인데, 한 번 봐.

小明 보강해줘서 고마워.

丽丽 괜찮아. 요 이틀 간 필기는 이메일로 보내 줄께.

小明 고생해. 꼭 열심히 챙겨볼 거야.

丽丽 이건 모두들이 준비 한 선물인데, 하루 빨리 쾌차하길 기원해.

小明 다들 너무 보고 싶어.

丽丽 몸 조리 잘해.

CHAPTER

06 우리사이가 누구냐

l.명절

雪儿 오늘 리리의 생일인데, 기억하고 있겠지?

小明 당연히 기억하지. 봐. 선물도 준비했는걸.

雪儿　정말 마음 썼네. 그럼 빨리 가서 축하해 주자.

小明　빨리 가자. 오늘이 어린이 날이기도 하네.

雪儿　5월은 명절이 정말 많아. 노동자의 날과 부처님 오신 날이 바로 얼마 전이었지.

小明　어버이날과 스승의 날이 더 있단다.

雪儿　곧 어버이 날인데, 부모님께 무슨 선물을 하려 해?

小明　난 장미 한 송이 어머님께 사다드려야지.

雪儿　난 부모님이 연세가 있으셔서 건강제품을 사드리고자 해.

小明　넌 매년 생일을 어떻게 지내?

雪儿　난 1월생이라 매 번 가족이랑 함께 지내.

小明　다음 생일에는 리리랑 꼭 같이 축하해줄게.

2. 축하

(리리의 기숙사에서)

雪儿　리리, 스무 살 생일 축하해.

小明　내가 준비 한 선물이야. 점점 더 예뻐지길 바라.

丽丽　선물 고마워. 돈을 쓰고 그래.

小明　우리사이가 누구냐.

雪儿　너만 좋다면 우리도 흐뭇한 걸.

丽丽　너희들이 오는 게 가장 큰 선물인 걸.

雪儿　명희가 케이크를 준비했는데 오늘 올 수 없게 되었어.

小明　듣자니 오늘이 그녀 할머니 80세 생신이시래.

丽丽　다 같이 전화로 어르신 건강 장수를 축하해주자.

雪儿　요즘은 백세시대라 백세까지 오래오래 사세요 해야지.

小明　오늘은 명절인 데다 생일까지, 참으로 길한 날일세.

丽丽　오늘 내 생일이라 특별히 자신 있는 요리 몇 가지 준비해봤어.

雪儿　리리의 요리 수준이 일품이야. 샤오밍, 꼭 한번 맛을 봐야 해.

丽丽　과찬이야. 어서 사양하지 말고.

小明　배고파 죽겠네. 어서 먹자꾸나.

■ 저자소개

崔明淑

북경사범대학 대학원 문학박사
현 상명대학교 중국어권지역학과 교수
전 국가대극원(国家大剧院) 전속단원
가극 「서시(西施)」, 「백모녀(白毛女)」, 「투란도트(图兰朵)」 등 출연

대학생활을 위한
중국어회화 초급

초판 인쇄 2017년 2월 10일
초판 발행 2017년 2월 20일

저   자 | 崔明淑
삽   화 | 洪D.
펴 낸 이 | 김미화
펴 낸 곳 | 인터북스

주   소 | 서울시 은평구 대조동 221-4 우편번호 122-844
전   화 | (02)353-9908 편집부(02)356-9903
팩   스 | (02)6959-8234
홈페이지 | http://hakgobang.co.kr/
전자우편 | interbooks@chol.com
등록번호 | 제311-2008-000040호.

ISBN   978-89-94138-50-3 13720

값 : 10,000원